AF229328

CAHIER

DES CHARGES GÉNÉRALES

POUR L'EXPLOITATION DES

FORÊTS DE CHÊNES-LIÉGE

EN ALGÉRIE

ALGER
IMPRIMERIE DUCLAUX, RUE DU COMMERCE, 7.
1862

CAHIER

DES CHARGES GÉNÉRALES

POUR L'EXPLOITATION DES

FORÊTS DE CHÊNES-LIÉGE

EN ALGÉRIE

TITRE PREMIER.

Objet et durée de la concession.

ARTICLE PREMIER.

Les concessions des forêts de chênes-liége, en Algérie, ont pour objet principal la récolte du liége et, accessoirement, l'exploitation des autres essences, en se conformant aux clauses du présent cahier des charges.

ART. 2.

Elles seront faites pour une durée qui ne pourra excéder quatre-vingt-dix années consécutives, à partir du 1er janvier de l'année qui suivra la date de l'acte de concession.

ART. 3.

La concession est expressément consentie à charge, par le concessionnaire, d'améliorer le domaine forestier, d'en user en bon père de famille, de mettre, tenir et rendre la forêt dans le meilleur état d'entretien, d'exploitation et de rapport, en se conformant aux prescriptions et conditions suivantes.

TITRE II.

Mise en possession, délimitation et aménagement de la forêt.

ART. 4.

Immédiatement après la délivrance de l'acte de concession, il sera procédé, en présence ou en l'absence du concessionnaire ou de son fondé de pouvoirs, dûment convoqué au moins vingt jours à l'avance, à la reconnaissance des limites de la forêt et de ses enclaves, ainsi qu'à la mise en possession du concessionnaire.

Les confins généraux seront déterminés par des limites naturelles, ou, à défaut, par des têtes de fossés indiquant à leur sommet chacun des angles du périmètre, et ayant une longueur d'au moins 2 mètres, dans la direction de chaque côté de l'angle. Ces fossés, de 1 mètre 50 centimètres d'ouverture, de 20 centimètres de largeur au fond et de 80 centimètres de profondeur, seront exécutés par le concessionnaire et à ses frais.

Sur les points où les difficultés du terrain rendraient impraticable le mode de délimitation ci-dessus indiqué, il y sera suppléé par des bornes en pierre ayant au moins 60 centimètres de fût.

Le général commandant la division ou le préfet, suivant le territoire, désignera, pour procéder aux opérations ci-dessus, un inspecteur ou sous-inspecteur des forêts et un géomètre ou agent forestier chargé de la partie géodésique des opérations, lesquels seront assistés, au besoin, d'un membre du bureau arabe du ressort.

Le procès-verbal de l'opération sera dressé, sans délai, et signé par les agents désignés et le concessionnaire ou son représentant. En cas de désaccord, d'absence ou de refus de signer, mention en sera faite, et les observations ou dires contradictoires seront relatés au procès-verbal qui sera soumis au Gouverneur Général pour être approuvé.

ART. 5.

Dans le délai de trois ans, à partir de la mise en possession, le concessionnaire sera tenu d'ouvrir, sur la partie du périmètre de la forêt contiguë à d'autres massifs, une laie séparative de dix mètres de largeur, au minimum, à prendre en entier sur le sol de la forêt, et dans laquelle devront être essartés et enlevés :

1° Tous les sous-bois et broussailles d'essences secondaires ou parasites ;

2° Tous les arbres d'essences diverses qui géneraient l'ouverture des fossés de périmètre ou de chemins utiles à la vidange et à la circulation.

ART. 6.

Dans le cours de l'année qui suivra la mise en possession, le service forestier procédera, ainsi qu'il suit, à la fixation et à l'assiette de l'aménagement.

Le concessionnaire devra opter, par écrit, pour l'un des deux modes ci-après décrits, savoir: 1° le *furetage*, vulgairement dit *jardinage:* 2° *l'exploitation par séries et coupes fixes*, avec faculté de faire varier, suivant la nature du liége, le terme de l'exploitabilité.

En échange de cette déclaration, le service forestier remettra au concessionnaire un permis de commencer les opérations de démasclage, qui devront être terminées, en dix années, sur toute l'étendue de la concession.

5

Ce permis sera accompagné d'un levé à vue ou du plan définitif de l'aménagement.

ART. 7.

Dans le mode de furetage, la forêt sera partagée en trois divisions égales. Chacune de ces divisions sera démasclée successivement et de proche en proche. Le concessionnaire pourra lever le liége de reproduction, en jardinant chaque année sur une division.

Toutefois, à l'expiration de la vingtième année, si des inconvénients majeurs pour la conservation de la forêt étaient signalés, le général commandant la division, ou le préfet pourra, sur le rapport du service forestier, provoquer, auprès du Gouverneur Général, la substitution de l'exploitation par série et coupes fixes au furetage.

ART. 8.

Dans le second mode d'aménagement, l'exploitation comprendra plusieurs séries déterminées par le service forestier, et les séries seront divisées en autant de coupes qu'il y aura d'années dans la révolution.

Pendant le cours de la première révolution ou période, les démasclages seront effectués sur chaque série, à tire et aire, de proche en proche et coupe par coupe, de manière à porter, au moins, sur toute l'étendue d'une coupe, par année, et à être terminés la dernière année de la période. Il ne sera pas interdit de démascler plus d'une coupe à la fois chaque année, si le concessionnaire le juge convenable, mais sans que cette circonstance puisse avancer le terme des récoltes.

Les récoltes commenceront à la première année de la deuxième période et auront toujours lieu, coupe par coupe et d'année en année, à la condition d'exploiter toujours une coupe entière par an dans chaque série. Les coupes pourront, d'ailleurs, au gré du concessionnaire, être récoltées soit à l'âge préfixe, indiqué par la révolution, soit à un âge variant pour chaque coupe ; mais à la condition que la détermination de cet âge aura été préalablement agréée par l'Administration.

ART. 9.

Le régime d'exploitation adopté pour la forêt, et la durée fixée pour la révolution des coupes, pourront être changés avec l'autorisation du Gouverneur Général.

Sous le régime du *furetage* comme sous celui de l'exploitation par coupes, il sera interdit au concessionnaire de récolter, dans la dernière période décennale qui précédera l'expiration de sa concession, du liége présentant une épaisseur moindre de 22 millimètres.

ART. 10.

Le service forestier sera chargé de régler l'application de l'aménagement ; il en indiquera les divisions sur le terrain et les rapportera sur chacune des expéditions du plan qui seront remises, savoir : la première au Gouverneur Général, la deuxième au général commandant la division ou au préfet, la troisième au service forestier, la quatrième à l'inspecteur local et la cinquième au concessionnaire qui en donnera récépissé.

Le concessionnaire remboursera au Trésor, à raison de 1 fr. 30 c. par hectare, les frais de l'expédition qui lui aura été remise.

Ce remboursement pourra, si le concessionnaire le demande, s'effectuer partiellement et par annuités ; mais il devra, dans tous les cas, être accompli dans les cinq ans qui suivront la mise en possession.

ART. 11.

Les divisions prévues en l'article 7, ou les séries prescrites en l'article 8, seront établies sur le terrain par des laies sommières, d'une largeur totale de 20 mètres, présentant, sur l'axe, 4 mètres d'essartement complet, et le surplus de la largeur simplement nettoyé des broussailles et sous-bois d'essences parasites ; les coupes, par des laies simples entièrement essartées sur 2 mètres, débroussaillées sur 8 mètres et offrant une largeur totale de 10 mètres.

Les coupes seront, en outre, indiquées par des poteaux en bois ou des écriteaux fixés à des arbres corniers, portant imprimés, au moyen d'un fer rouge ou à l'aide d'une peinture à l'huile, le numéro de la coupe et la lettre indicative de la série ou de la division.

ART. 12.

Les coupes d'une contenance supérieure à 100 hectares seront subdivisées en parcelles d'une étendue égale à 100 hectares au plus, indiquées, autant que possible, par des limites naturelles, telles que crêtes, ravins, etc., ou, à défaut, par des laies de débroussaillement, ouvertes sur une largeur de dix mètres au minimum.

ART. 13.

Les travaux forestiers prescrits par les articles 5, 10, 11 et 12 ci-dessus seront effectués sous la direction du service des forêts, par les soins et aux frais du concessionnaire, et devront être terminés, savoir :

1° Les laies séparatives des divisions ou des coupes, ainsi que les poteaux indicateurs à l'expiration de la première révolution, c'est-à-dire avant le commencement de la première récolte du liége ;

2° Les laies de division parcellaire (article 12) à l'expiration de la deuxième révolution ;

3° Les travaux de bornage (article 11, § 2) à l'expiration de la troisième.

Les laies séparatives et les divers signes de délimitation seront constamment maintenus par le concessionnaire en bon état de conservation.

TITRE III.

—

Exploitation du liége.

—

ART. 14.

Le concessionnaire ne pourra opérer le démasclage des arbres qui mesureraient moins de 30 centimètres de circonférence à 1 mètre du sol.

L'opération se fera en commençant rez-terre, de manière à ne laisser aucune portion d'écorce à la patte de l'arbre, et s'arrêtera pour le premier démasclage, à la naissance des branches. A chacune des révolutions suivantes, le démasclage sur ces mêmes arbres pourra s'étendre aux branches jusqu'au point où elles cesseront de mesurer au moins 30 centimètres de circonférence.

Le démasclage portera sur la circonférence entière de l'arbre, sauf le cas où le concessionnaire jugerait prudent de laisser, sur les côtés les plus exposés aux insolations, une bande d'écorce qui ne pourra être enlevée qu'à la révolution suivante.

ᴀʀᴛ. 15.

Après l'expiration de la première révolution ou période, et pendant les suivantes, les chênes-liége qui n'auraient pu être démasclés précédemment, ou qui proviendraient de nouveaux repeuplements, seront démasclés d'après les règles posées en l'article précédent, au fur et à mesure que l'on reviendra sur chaque division ou coupe pour en récolter le liége de reproduction.

ᴀʀᴛ. 16.

Le service forestier aura le droit, tant dès le début que dans le cours des démasclages, de désigner, à raison de un au plus par 20 hectares, des chênes-liége qui ne pourront être démasclés jusqu'à nouvel ordre, et demeureront réservés pour fournir, soit au service forestier, soit au concessionnaire lui-même, des semences de bonne qualité destinées au repeuplement des forêts.

ᴀʀᴛ. 17.

Lorsqu'on opérera par le mode de furetage, le liége de reproduction pourra être levé successivement, par portions ou planches partielles sur le même pied d'arbre.

Dans le second système d'aménagement, la récolte devra s'opérer en entier par arbre comme par coupe, sauf le cas exceptionnel prévu au troisième alinéa de l'article 14.

ᴀʀᴛ. 18.

Le démasclage et la levée du liége de reproduction seront effectués pendant la saison de la sève et suspendus pendant les fortes chaleurs.

ᴀʀᴛ. 19.

Dans la levée ou le sondage des écorces du liége, on devra procéder avec tous les soins convenables, pour ne pas endommager le liber de l'arbre ou *mère*.

TITRE IV.

—

Culture et régénération de la forêt.

—

ᴀʀᴛ. 20.

Indépendamment du démasclage et des récoltes de liége, le concessionnaire sera tenu d'effectuer, à ses frais, sur les indications et sous la direction du service forestier, savoir : 1° l'abattage et l'enlèvement des arbres, brins ou rejets, abroutis, devenus impropres à la production du liége ; 2° l'élagage et l'émondage des chênes-liége au-dessous de 20 centimètres de circonférence, mesure prise à un mètre du sol ; 3° l'enlèvement de tous les chablis et volis ; 4° le recepage des bois incendiés, lorsque dans l'intérêt de la reproduction, il sera jugé nécessaire par le général commandant la division ou par le préfet, suivant le territoire, le concessionnaire entendu.

ᴀʀᴛ. 21.

Le concessionnaire supportera l'exercice du droit de martélage, tel qu'il est pratiqué en France, et conservera sur pied tous les arbres marqués.

ART. 22.

Les opérations mentionnées en l'article 20, sous les n°s 1 et 2, seront effectuées successivement, chaque année, sur la division ou coupe arrivée en tour de démasclage ou de récolte du liége.

L'enlèvement des chablis et volis, ainsi que le recepage des bois incendiés, aura lieu au fur et à mesure que les circonstances prévues se produiront.

ART. 23.

Le concessionnaire sera également tenu d'entretenir et de compléter les peuplements existants. Les travaux nécessaires, pour ces opérations, seront exécutés sur les indications et sous la surveillance du service forestier.

Le concessionnaire devra affecter annuellement à ces travaux une somme calculée à raison de 50 centimes par hectare.

ART. 24.

Le repeuplement sera exécuté par semis ou par plantations, au choix du concessionnaire.

TITRE V.

Dispositions communes aux travaux d'exploitation.

Ire SECTION. — *Coupes de Bois.*

ART. 25.

Tous les bois à abattre, à receper ou à relever, conformément aux prescriptions de l'article 20, n°s 1 et 2, préalablement reconnus et marqués par les agents du service forestier, seront désignés en un procès-verbal de martelage où seront réglées les conditions particulières auxquelles le concessionnaire aura à se conformer dans l'exploitation. L'expédition de ce procès-verbal lui sera remise, un mois au moins avant l'époque fixée pour le commencement des opérations.

Pendant la durée des martelages, deux ou trois bûcherons, munis de haches, seront mis par le concessionnaire à la disposition des agents forestiers, pour faire les blanchis sur les arbres.

ART. 26.

L'abattage du bois se fera, chaque année, du 1er octobre au 1er avril suivant.

Pourront néanmoins être exploités toute l'année :

1° Les broussailles et plantes parasites quelconques ;

2° Les bois à faire disparaître sur l'emplacement des routes et laies d'essartement ;

3° Les arbres et brins désignés au procès-verbal de martelage, comme n'étant ni propres ni destinés à se reproduire de souche.

4° Tous ceux sur lesquels il aura été permis de récolter des écorces à tan.

Le service forestier désignera également les arbres de cette dernière catégorie qui pourront être pelés sur pied.

ART. 27.

L'abattage se fera de proche en proche et à tire et aire.

Les arbres, désignés comme ne devant pas rejeter de souche et ceux compris dans les essartements, pourront être coupés à la scie. Le concessionnaire aura même le droit, si le procès-verbal de martelage n'en contient pas l'interdiction, en raison de la nature ou de la déclivité du sol, de les essoucher et de les déraciner, ainsi que les broussailles et plantes parasites, à la condition, dans tous les cas, de combler et de niveler les excavations.

ART. 28.

L'abattage des arbres de futaie sera dirigé de manière à ne pas atteindre les réserves voisines, sous la responsabilité du concessionnaire, en cas de dommage causé.

IIᵉ SECTION. — *Bois réservés.*

ART. 29.

Le service forestier désignera les troncs d'arbres d'essences diverses ou portions de troncs qu'il jugera propres à faire des bois de construction ou d'industrie, et qui devront être abandonnés au concessionnaire, s'il le demande, dans les conditions déterminées par l'art. 48 ci-après.

Le dénombrement de ces troncs d'arbres sera fait contradictoirement dans l'année qui suivra l'abattage.

ART. 30.

Le concessionnaire fournira, aux divers services publics, les bois de construction qui lui seraient demandés, et qui seraient compris, soit dans les coupes annuelles, soit parmi les chablis et bois incendiés à abattre. Il n'aura droit, pour ces livraisons, qu'au remboursement des frais d'exploitation.

A défaut d'entente entre le concessionnaire et les services destinataires, les agents forestiers désigneront, soit sur pied, soit après abattage, les arbres ou portions d'arbres qui devront être réservés pour ces livraisons.

ART. 31.

Les arbres marqués constitueront définitivement la réserve faite au profit des services destinataires.

Les réductions seront opérées à la scie et de manière à laisser intactes les empreintes du marteau des agents forestiers.

Les débris d'éboutement et d'équarrissage, ainsi que tous remanants et branches non réservés, appartiendront au concessionnaire.

ART. 32.

Le concessionnaire sera tenu de laisser entrer, dans ses coupes, les ouvriers de la marine ou des autres services publics employés au sondage, à l'éboutement, à l'équarrissage et à l'enlèvement des bois réservés.

ART. 33.

Un procès-verbal, dressé par l'agent forestier, chef du cantonnement, énoncera, savoir :

1º Le numéro de la série, l'essence, les dimensions et l'état des pièces définitivement livrées aux services publics ;

2° Les mêmes renseignements, en ce qui concerne les pièces rebutées, avec indication du volume, calculé séparément pour celles laissées en grume et pour celles équarries.

Ce procès-verbal sera signé par le concessionnaire ou son représentant, visé pour timbre et enregistré gratis, dans les vingt jours de sa date.

Toutefois, les frais de timbre et d'enregistrement de ce procès-verbal seront à la charge du concessionnaire, dans le cas prévu par l'art. 29.

Le concessionnaire demeurera responsable des pièces dont les services publics auraient fait choix, jusqu'à leur transport hors coupe, constaté jour par jour, par le brigadier forestier, dans un certificat qui vaudra décharge au concessionnaire.

Toutefois, cette responsabilité ne pourra se prolonger au-delà du terme assigné au concessionnaire pour la vidange de la coupe.

ART. 34.

Sont également réservés les bois et écorces nécessaires à la consommation des indigènes usagers, et dont l'Administration serait tenue ou jugerait à propos de leur continuer la jouissance.

En conséquence, le concessionnaire, pendant toute la durée de la concession, devra, sur la réquisition et sur l'indication du service forestier, délivrer à ces indigènes, parmi les produits exploités dans ses coupes, les bois, perches et broussailles dont ils auraient besoin pour la construction de leurs gourbis ou de leurs instruments aratoires, pour soutènement de tentes, clôtures et chauffage, enfin les canons de liége de démasclage nécessaires pour leur ruches à abeilles.

Ces écorces et les bois seront délivrés, sans frais, en grume et sur le parterre des coupes, l'enlèvement et le façonnage restant seuls à la charge des destinataires.

IIIe SECTION. — Produits divers.

ART. 35.

Le concessionnaire est autorisé à faire des écorces à tan, mais seulement sur les arbres marqués par le service forestier pour être abattus.

ART. 36.

Le concessionnaire aura le droit de procéder, en forêt, à la carbonisation ou à l'incinération de ses bois ou écorces de rebut, à la condition de n'opérer que sur les places qui auront été préalablement désignées et préparées comme il sera dit plus loin, et de ne procéder au brûlement, pour faire du salin ou de la potasse, que par un temps calme et dans des fosses creusées aux endroits assignés.

ART. 37.

Les ramiers, branchages et tous les bois autres que les bois de service, ainsi que le liége et les écorces à tan, devront être entièrement enlevés au 31 décembre de chaque année.

Ces différents produits ne pourront être empilés ou entassés, ni contre les chênes-liége démasclés, ni sur les souches vives, ou sur les places garnies de jeunes repeuplements à conserver.

Tous ceux de ces produits qui ne seraient pas autrement utilisés, les broussailles, brindilles, copeaux et les mauvais liéges de démasclage, devront être, dans tous les cas, réunis par tas, de manière à ne pas nuire à la reproduction, et brûlés sur les places désignées. La sciure de bois devra être répandue et disséminée sur le sol, au fur et à mesure de l'enlèvement des chantiers ayant servi au sciage.

ART. 58.

La vidange devra être terminée au 1er juillet de l'année qui suivra celle de la récolte du liége, ou l'abattage des bois.

Toutefois, les pièces de bois de service pourront être laissées, une année de plus, au bord des chemins et laies, ou sur les lieux de dépôt désignés.

TITRE VI.

Jouissances accessoires.

ART. 59.

Le concessionnaire jouira, pour les animaux à son usage, autres que les chèvres, des droits de pâturage, pacage, parcage et glandée :

1° Pendant la durée du bail, sur l'emplacement des laies essartées ;

2° Dans les parties qu'il aura été autorisé à cultiver ;

5° Dans les cantons de la forêt qui auront été annuellement, sauf recours à l'autorité préfectorale, déclarés défensables par les agents forestiers, d'après l'état du peuplement et la possibilité de la forêt, distraction faite des portions réservées à l'usage des indigènes, comme il sera dit ci-après.

Les animaux de trait ou de bât, employés à la vidange de la forêt, seront muselés lorsque les transports s'effectueront sur les parties qui n'auront pas été reconnues défensables.

ART. 40.

Le concessionnaire sera tenu d'avoir un gardien particulier pour ses troupeaux et de les parquer pendant la nuit.

ART. 41.

Le concessionnaire aura le droit de faire des cultures sur toutes les parties qu'il aura dessouchées pour l'établissement des laies séparatives. Toutefois, les terrains dégarnis ou incomplètement garnis de peuplement forestier utile ne pourront être cultivés que pendant cinq ans.

ART. 42.

Outre les cultures dont la faculté lui est accordée par l'article précédent, le concessionnaire sera autorisé, sur la désignation du service forestier, et autant que le permettra l'état du sol de la forêt, à cultiver, pendant la durée de sa jouissance, pour l'alimentation de son établissement et de ses ouvriers, des vides faisant partie du sol forestier, et dont l'étendue sera fixée, par l'acte de concession, à raison de 5 hectares par 100 hectares de forêt, au maximum.

ART. 43.

Sont réservés à l'État, savoir : 1° les mines, minières, carrières, tourbières, et généralement tous les produits du sous-sol ; 2° les trésors, ruines et objets d'art qui viendraient à être découverts dans la forêt ; 5° l'emplacement des routes, chemins de fer, canaux ou tous autres travaux établis ou à établir ultérieurement dans un intérêt public.

ART. 44.

Le concessionnaire pourra faire des fouilles dans l'intérieur de la forêt, afin de se procurer les maté-- riaux nécessaires aux constructions à établir en forêt.

Toutefois, il devra s'entendre avec les agents forestiers pour le choix des lieux d'extraction, et se conformer aux conditions qui lui seraient imposées dans l'intérêt du sol forestier.

ART. 45.

Les droits de chasse et de pêche seront, sur sa demande, réservés au concessionnaire, moyennant une redevance à déterminer.

ART. 46.

Le concessionnaire aura le droit d'établir, dans le périmètre de son exploitation, tous bâtiments d'habitation ou d'exploitation, hangars, magasins et usines, pour traiter le liége.

A la fin de l'exploitation, l'État aura la faculté de reprendre, à dire d'experts, les bâtiments, les constructions et le matériel, lesquels devront être assurés.

ART. 47.

Sont expressément réservés tous droits d'usage, toutes servitudes et toutes tolérances dont la forêt concédée se trouverait grevée en faveur de tiers.

En conséquence, et jusqu'à décision contraire, les indigènes qui occupent ou cultivent, du consentement du Gouvernement, des vides dans l'intérieur de la forêt, ne pourront être troublés dans leur jouissance, par le fait du concessionnaire, et continueront à se servir, pour tous leurs besoins, des chemins ou sources existant dans la forêt, et à jouir, conformément aux règlements, du pâturage et de la glandée.

Le concessionnaire jouira, de son côté, sur les forêts voisines ou les terrains appartenant à l'État, des droits de passage nécessaires aux besoins de son exploitation.

TITRE VII.

Redevances.

ART. 48.

Le concessionnaire paye une redevance annuelle et fixe par hectare concédé, et, en outre, une redevance proportionnelle sur les bois d'œuvre.

Le taux de la redevance sur les bois d'œuvre sera déterminé par arrêté du Gouverneur Général, en conseil consultatif, le concessionnaire entendu. Le tarif adopté pourra être révisé tous les dix ans, dans la même forme.

ART. 49.

La redevance annuelle par hectare ne sera due qu'à partir du 1er janvier de la dixième année de la concession, et courra jusqu'à la dernière année inclusivement.

Elle portera sur la totalité de l'étendue superficielle comprise entre les limites de la forêt concédée, défalcation faite des terrains réservés aux indigènes ou autres usagers.

ART. 50.

La redevance annuelle par hectare sera fixée par le décret de concession, selon la situation et la richesse de la forêt concédée, conformément au tarif suivant :

	PENDANT LES PÉRIODES DE							
	11 a 20	21 à 30	31 à 40	41 à 50	51 à 60	61 à 70	71 à 80	81 à 90
	fr. c.	fr. c.	fr. c.	fr. c.	fr. c.	fr. c.	fr. c.	fr. c.
1re Catégorie........	0 75	1 25	1 75	2 25	3 00	3 75	4 50	5 25
2e Id.	1 00	1 50	2 00	2 50	3 25	4 00	4 75	5 50
3e Id.	1 25	1 75	2 25	2 75	3 50	4 25	5 00	5 75
4e Id.	1 50	2 00	2 50	3 00	3 75	4 50	5 25	6 00
5e Id.	1 75	2 25	2 75	3 25	4 00	4 75	5 50	6 25
6e Id.	2 00	2 50	3 00	3 50	4 25	5 00	5 75	6 50

ART. 51.

Seront exempts de redevances :

1° Les bois d'œuvre employés par le concessionnaire pour ses constructions ;

2° Les branches, débris, perches, rameaux, racines et autres bois à feu.

Les bois nécessaires aux constructions du concessionnaire seront, après vérification de leur destination, par le service forestier, délivrés sur procès-verbal régulier.

3° Tous les bois abattus, auxquels le concessionnaire aurait déclaré renoncer au moment du dénombrement.

Dans ce cas, l'administration aura le droit de disposer des bois ainsi exonérés de la redevance, sans que le concessionnaire puisse prétendre au remboursement des frais d'exploitation ni à aucune indemnité.

ART. 52.

Le montant de la redevance sur les bois d'œuvre sera établi et payé en suite d'un mesurage au volume réel, d'un dénombrement et d'un procès-verbal contradictoires.

ART. 53.

Le montant de la redevance à l'hectare sera payé par semestre, au 1er janvier et au 1er juillet de chaque année.

La redevance sur les bois d'œuvre sera payée au fur et à mesure de leur exploitation et de leur dénombrement.

TITRE VIII.

Charges accessoires.

ART. 54.

Un terrain de culture de deux hectares, destiné à être affecté en jouissance aux préposés du service forestier, sera, avec l'autorisation de l'administration supérieure, prélevé sur le sol de la forêt, sur la désignation des agents forestiers, sans que le concessionnaire ait rien à réclamer.

Le concessionnaire sera tenu, en outre, de mettre à la disposition du service forestier une baraque convenable dans l'intérieur de la forêt pour le logement des agents chargés de la surveillance de l'exploitation.

ART. 55.

Le concessionnaire fournira et transportera à ses frais, avant le premier septembre de chaque année, au domicile de chacun des gardes ou brigadiers de l'État chargés de la surveillance de la forêt concédée, 8 stères de bois de chauffage et cent fagots.

ART. 56.

Le concessionnaire sera obligé :

1° A tenir les chemins libres dans les coupes en usance, de manière que les voitures et les bêtes de somme puissent y passer en tout temps ;

2° A faire fouir, niveler et replanter ou réensemencer les places des fauldes ou des ateliers qui ne pourraient plus servir pour les exploitations subséquentes ;

3° A réparer, en général, tous dommages résultant de son fait.

ART. 57.

Seront également à la charge du concessionnaire la construction et l'entretien de tous les chemins ou sentiers muletiers nécessaires pour l'exploitation de la forêt. Ces travaux seront, au besoin, déclarés d'utilité publique.

TITRE IX.

Surveillance et responsabilité.

ART. 58.

Le concessionnaire sera tenu de nommer un garde par chaque 1,000 hectares, pour la surveillance de la forêt. Ces gardes particuliers seront assimilés aux gardes forestiers des particuliers en France, pour les formalités relatives à leur nomination, à leur assermentation, à leurs procès-verbaux et pour la foi due à ces actes.

Ces surveillants devront être préalablement agréés par l'Inspecteur des forêts, et seront susceptibles d'être révoqués, sur l'ordre de l'autorité préfectorale.

Les gardes devront obéir aux réquisitions des agents forestiers dans l'intérêt des exploitations et de la vindicte publique.

ART. 59.

Le concessionnaire devra renvoyer, à la réquisition du chef du service forestier, tous agents à ses gages qui auraient été condamnés en récidive pour délits forestiers ou qui n'auraient pas satisfait à une condamnation encourue.

ART. 60.

Il sera solidairement et civilement responsable du payement des amendes, restitutions et dommages-intérêts encourus pour délits et contraventions commis dans la forêt concédée, par toute personne attachée, à un titre quelconque, à son exploitation ou à son établissement forestier.

ART. 61.

Il sera tenu d'avoir un marteau à empreintes triangulaires portant les initiales de son nom, au moyen duquel seront marqués tous les bois d'œuvre sortant de son exploitation.

L'empreinte de ce marteau sera déposé tant au greffe du tribunal de l'arrondissement qu'aux archives de l'inspecteur des forêts.

ART. 62.

Le concessionnaire sera obligé, sous peine de tous dommages et intérêts, d'avertir le service forestier des usurpations qui se commettraient dans la forêt concédée.

TITRE X.

Sanction, pénalité.

ART. 63.

L'acte de concession ne sera délivré au concessionnaire qu'après qu'il aura justifié du versement à la Caisse des consignations, d'un cautionnement calculé à raison de 3 francs par hectare. Ce cautionnement sera versé en numéraire ou effets publics ; il sera remboursé sur la production d'un certificat du service forestier, visé par l'autorité préfectorale, constatant qu'il a été exécuté des travaux pour une somme équivalente.

Faute par le demandeur d'avoir justifié de ce cautionnement dans le délai de six mois, à dater de la notification administrative, sa demande sera considérée comme non avenue.

ART. 64.

A défaut, par le concessionnaire, d'exécuter, dans les délais et conformément aux prescriptions du présent cahier des charges, les travaux à lui imposés, excepté ceux concernant la récolte du liége, le service forestier pourra, après une mise en demeure restée deux mois infructueuse, mettre ces travaux en régie, pour les faire exécuter, compléter ou régulariser ; le concessionnaire sera tenu d'en payer le prix, sur la présentation d'un mémoire dressé par les agents forestiers chargés de la régie, visé par le chef du service, et rendu exécutoire par l'autorité préfectorale.

Toutefois, si le retard ou les irrégularités dans l'exécution des travaux étaient attribués à une cause majeure ou imprévue, dûment constatée, le général ou le préfet pourrait, le service forestier entendu, accorder au concessionnaire une prorogation de délai.

En cas de contestation sur la cause de l'inexécution, du retard et de l'irrégularité des travaux, il sera procédé à une expertise contradictoire.

ART. 65.

Toute contravention au présent cahier des charges pourra donner lieu, sans préjudice des poursuites en matière forestière, au payement, par le concessionnaire, de dommages et intérêts au profit du Trésor.

Ces dommages et intérêts seront réglés par experts, et, en cas de contestation, il sera statué dans la forme indiquée en l'article 78.

ART. 66.

En cas d'inexécution des clauses et conditions principales du présent cahier des charges, le retrait de la concession pourra être prononcé.

art. 67.

Le retrait de la concession sera prononcé par décret impérial rendu sur le rapport du ministre Secrétaire d'État au département de la guerre, d'après la proposition du Gouverneur Général de l'Algérie, sauf recours du concessionnaire au Conseil d'Etat par la voie contentieuse.

La proposition du Gouverneur Général tendant au retrait de la concession devra être arrêtée en Conseil consultatif, sur le rapport de l'autorité préfectorale, le service forestier et le concessionnaire préalablement entendus.

La déchéance prononcée n'exonérera pas le concessionnaire des sommes dont, à un titre quelconque, il se trouverait débiteur envers l'Etat au jour où cessera son exploitation.

Tous les travaux et toutes les constructions exécutés par lui demeureront acquis à l'Etat.

TITRE XI.

Dispositions d'ordre.

1re SECTION. — *Formalités diverses.*

art. 68.

Toutes les expertises prévues au présent cahier des charges auront lieu ainsi qu'il suit :

L'un des experts sera nommé par le chef du service des forêts, l'autre par le concessionnaire, et en cas de désaccord, un tiers expert sera désigné à la requête de la partie la plus diligente, par le conseil de préfecture ou par le conseil des affaires civiles, suivant le territoire.

L'arrêté du conseil sera notifié au concessionnaire dix jours, au moins, avant celui fixé pour l'opération.

Si le concessionnaire néglige de nommer son expert, ou si celui-ci ne comparaît pas au jour fixé, la vérification faite par les deux experts présents sera réputée définitive.

Les experts adresseront leurs rapports à l'autorité préfectorale.

art. 69.

Tout payement à faire par le concessionnaire au profit de l'Etat, soit pour les redevances, soit pour dommages-intérêts et indemnités, sera effectué à la caisse du receveur des domaines de la circonscription, sur un simple procès-verbal, dressé par le service forestier pour en établir l'origine et le décompte. Une expédition sur papier visé pour timbre et enregistré en débet, dans les vingt jours de sa date, sera envoyée au receveur des domaines chargé du recouvrement ; une seconde sera remise au concessionnaire, et une troisième déposée aux archives du service forestier.

Ces trois expéditions seront signées par le concessionnaire ou son fondé de pouvoirs. En cas de refus, les motifs en seront indiqués au bas de l'acte.

Les frais de timbre et d'enregistrement de cet acte seront payés par le concessionnaire, en même temps que les sommes principales.

art. 70.

Les fauldes à charbon, les fosses ou fourneaux pour le brûlement des bois ou pour le dépôt des cendres en provenant, fours à chaux et à briques, les ateliers, loges ou baraques temporaires dans lesquels pourra être allumé du feu à l'usage des ouvriers ou pour la préparation du liége, ne seront établis qu'après déclaration préalable au service forestier. Celui-ci pourra s'opposer, dans les huit jours, aux travaux, en désignant d'autres emplacements.

ART. 71.

Le concessionnaire sera tenu de résider sur les lieux ou de s'y faire représenter par un fondé de pouvoirs.

Il fera élection de domicile au chef-lieu de la subdivision militaire ou de la sous-préfecture de la situation de la forêt concédée, sinon les significations ou mises en demeure, à lui adressées, seront valablement faites à la subdivision militaire ou au secrétariat de la sous-préfecture.

ART. 72.

Toute notification que comportera le présent cahier des charges de la part de l'administration sera signifiée au concessionnaire par un préposé forestier.

S'il s'agit de quelque opération à effectuer contradictoirement, faute par le concessionnaire de s'y présenter ou de s'y faire représenter au jour fixé, il y sera procédé, lui présent ou absent.

IIe SECTION. — Garanties de l'exploitation.

ART. 73.

Le concessionnaire ne pourra céder ou transporter sa concession, en tout ou en partie, sans une autorisation du Gouvernement, mais il lui sera facultatif d'associer à son entreprise telles personnes qu'il jugera convenable, en tant qu'il restera seul responsable, vis-à-vis de l'État, de l'exploitation dans le périmètre qui lui aura été concédé.

ART. 74.

Il est, en outre, interdit au concessionnaire de réunir sa ou ses concessions, pour tout ou partie de leur étendue ou de leur durée, à d'autres concessions de même nature, par acquisition, association ou de toute autre manière, sans une autorisation du Gouvernement.

Tous actes de réunion, opérés contrairement à l'article précédent, seront, en conséquence, considérés comme nuls et non avenus, et pourront donner lieu au retrait des concessions, sans préjudice des poursuites que les concessionnaires des exploitations indûment réunies pourraient avoir encourues par application des articles 414 et 419 du Code pénal.

ART. 75.

Dans le cas de dépossession, pour travaux faits dans un intérêt public, le concessionnaire obtiendra, proportionnellement à l'emplacement occupé, une réduction de la redevance fixe par hectare.

Si la forêt venait à être détruite, en totalité ou en partie, par des incendies ou tout autre accident fortuit, tel, par exemple, qu'une mortalité extraordinaire des arbres, le concessionnaire pourra obtenir, suivant les circonstances, soit une diminution du prix, proportionnelle à la réduction de sa jouissance, soit même la résiliation de son contrat.

Quelle que soit la cause de ce sinistre, le concessionnaire ne sera pas tenu de faire, sur les parties détruites, des travaux plus considérables que ceux qui lui sont imposés par l'article 23.

ART. 76.

Dans le mois de janvier de la dixième année qui précédera le terme de la concession, il sera procédé, par le chef du service des forêts ou son délégué, en présence du concessionnaire dûment convoqué, à la reconnaissance complète de la forêt affermée, pour en constater l'état d'entretien et d'amélioration.

S'il résulte de cette vérification, que le concessionnaire n'a pas exécuté, d'une manière complète et satisfaisante, tous les travaux prescrits pour être effectués avant cette époque, il ne pourra plus faire aucune récolte avant d'avoir complété et parfait lesdits travaux ou payements, et d'en avoir obtenu du service forestier la décharge provisoire.

Cette vérification pourra avoir lieu par anticipation sur le délai ci-dessus fixé, si le fermier le demande.

En cas de contestation, sur les effets de cette vérification, il y aura lieu à l'expertise, telle qu'elle est réglée par l'article 68.

ART. 77.

La vérification prescrite en l'article précédent sera répétée, s'il y a lieu, dans les mêmes formes, pendant les six derniers mois de la durée du bail. Il sera donné, par le Gouverneur Général, décharge définitive au concessionnaire, s'il est constaté qu'il a rempli toutes ses obligations.

Pour garantir le recours de l'État, à raison des résultats de cette vérification, le concessionnaire ne pourra enlever aucun liége provenant de la dernière récolte, ni laisser sortir aucun produit forestier de ses magasins, avant d'avoir obtenu la décharge ci-dessus mentionnée.

TITRE XII.

Compétence.

ART. 78.

Les contestations qui s'élèveront entre le concessionnaire et l'Administration, au sujet de l'exécution du présent Cahier des charges, seront jugées administrativement par le conseil de préfecture du département où sera située la forêt concédée, ou du département le plus voisin, sauf recours au Conseil d'État.

Annexé au décret du 28 mai 1862.

www.ingramcontent.com/pod-product-compliance
Lightning Source LLC
Chambersburg PA
CBHW061210050726
47594CB00008B/3633